El bosque es nuestra casa

SARA FERNÁNDEZ   SONIA ROIG

©2021 Sara Fernández, texto e ilustración
©2021 Sonia Roig, texto
©2021 Jesús Ortiz, edición
©2021 A buen paso

Segunda edición: abril de 2022

www.abuenpaso.com

Diseño gráfico: Estudi Miquel Puig
Corrección: Xavier Canyada

Impreso en España por Índice, SL

ISBN: 978-84-17555-61-0
Depósito legal: B 13895-2021

Todos los derechos reservados

Para fabricar este libro hemos utilizado papel Magno Natural (Sappi), obtenido gracias a la gestión forestal sostenible de plantaciones de árboles.

abuenpaso

Presentación 8

365 días para estar en el bosque 10

(Casi) todos los bosques del mundo 14

Todos árboles, todos diferentes 18

La historia de los bosques 22

Cuando los árboles sí te dejan ver el bosque 26

Con los pies en el suelo 30

¿Cómo funciona un bosque? 34

Silvia y la fábrica prodigiosa 38

¿Qué fue antes, la semilla o el árbol? 42

¿Sabes todo lo que te cuenta la madera? 48

No solo de árboles se vive en el bosque 54

El bosque que nos cuida 58

El bosque en la ciudad y la ciudad en el bosque 62

Bosques en peligro 66

¡Fuego! 70

¿Cómo se cuida un bosque? 78

Nuevos bosques, que no es poco 82

¿Qué puedes hacer tú por los bosques? 86

Algunas cositas más 90

Un último consejo... 97

¡Hola!

Somos Sara y Sonia, y lo que más nos gusta en el mundo es la naturaleza y, por supuesto, los bosques (¡por algo hace muchos años decidimos ser ingenieras de montes!). Sabemos lo importante que es cuidar de los bosques para que ellos a su vez nos puedan seguir cuidando a todos. Y es que, como irás descubriendo en este libro, en un bosque todo está conectado y todas las personas estamos también conectadas con los bosques: los necesitamos para vivir.

Un día, mientras paseábamos, nos encontramos con Silvia y enseguida nos dimos cuenta de que se parecía mucho a nosotras (¡y no solo en los pelos!). Aparte de ser una apasionada de los bosques, también es una científica. Le encanta cuestionarse las cosas, observar, experimentar y sacar sus propias conclusiones. Fue en ese momento cuando decidimos hacer este libro. Pensamos que, igual que las dos habíamos aprendido de otros profesores e investigadores, de la gente de los pueblos, y de otros libros (es que, aparte de los bosques, también nos encantan los libros), ahora nos tocaba a nosotras compartir contigo lo que sabemos. Así que le preguntamos a Silvia si querría ser tu guía a lo largo de estas páginas, y a ella le pareció una idea estupenda.

En realidad, este es el libro que nos hubiera gustado tener de pequeñas. Es un libro en el que todo es lo que parece: lo que encuentres aquí, también lo vas a poder ver cuando vayas al bosque, y al revés. De hecho, ¡hemos dibujado más de 180 especies de plantas y animales! Aquí verás tantas cosas sobre bosques que cuando acabes la última página te habrás convertido en un experto. Además, en cada página hemos dejado muchos detalles, muchas pistas para que lleves a cabo tu propia investigación científica. Pero nosotras no te vamos a interrogar (al menos, no siempre): tendrás que encontrarlas tú, plantearte tus propias dudas y deducir qué está pasando. Ya verás que es algo muy divertido y que se parece mucho a ser detective. Y recuerda que Silvia está ahí para ayudarte. Por cierto, puedes leer los capítulos en el orden que quieras. Y si de repente sientes una necesidad horrorosa de buscar más información sobre algo en otros libros o en Internet... ¡enhorabuena! ¡Eso significa que ya piensas como un científico!

¿Empezamos?

365 días para estar en el bosque

Al bosque se puede ir casi cada día del año.
Y es que no hay mal tiempo, solo ropa inadecuada.
Toma tu mochila, asegúrate de llevar buen calzado y
prepárate para todo lo que vas a poder ver, tocar, oler
y escuchar en un bosque. ¡Hay tantas cosas que igual
no sabías que estaban ahí! Y, si tienes la suerte de que
te acompañe alguien que sepa muchísimo de plantas,
incluso podrás descubrir algunos de los sabores del bosque.

(Casi) todos los bosques del mundo

Algunos árboles son más o menos frioleros y otros necesitan más o menos humedad; por eso los bosques varían según nos vamos acercando a los polos, subiendo por una montaña o alejándonos del mar. También hay árboles muy tiquismiquis con el tipo de suelo y otros que solo viven en un continente o en una región. Desde hace miles de años, además, los humanos hemos modificado los bosques a nuestro antojo.

¿Y TÚ, DE QUIÉN ERES?

Algunas especies son exóticas. Esto significa que proceden de otro sitio y han sido introducidas en nuevos lugares por su interés económico o porque son bonitas. Pueden traer enfermedades que para ellas no son graves, pero que para las especies autóctonas (las que viven en ese sitio desde hace miles de años) pueden llegar a convertirse en un problemón. Algunas especies exóticas se han vuelto invasoras. Esto tampoco significa que sean alienígenas, sino que desplazan a la vegetación natural.

ME PIRO, VAMPIRO

Durante las glaciaciones los bosques se movieron para no morir congelados. No es que los árboles se pusieran a correr por todo el planeta..., sino que las semillas que dispersaban en todas direcciones solamente germinaban en lugares más cálidos y únicamente allí tenían descendientes. Cuando terminó la edad de hielo, volvieron a su sitio. Muchas especies que había en Europa y Asia se encontraron con que el mar o las montañas les impidieron bajar a refugiarse a zonas más templadas, y se extinguieron. Por el contrario, en América sí pudieron moverse a zonas cálidas. Por eso ahora hay allí más variedad de especies; por ejemplo, de robles.
Con el cambio climático actual estamos viendo cómo algunas especies no pueden vivir en sus lugares habituales y también se empiezan a mover hacia climas más frescos y húmedos.

16

TODO ESTÁ CONECTADO

Alexander von Humboldt, un naturalista alemán, fue el primero en estudiar cómo se distribuía la vegetación en las montañas, y en darse cuenta de que los tipos de bosques variaban según el lugar. También fue el primero en advertir de que la deforestación alteraba el clima, y que la economía, la política y la sociedad tenían una gran influencia en el medio ambiente. Fíjate qué barbaridad: hace dos siglos que lo dijo, ¡y es ahora cuando, algunos, empezamos a hacerle algo de caso!

Todos árboles, todos diferentes

Todos los árboles tienen las mismas partes: un tronco, ramas, hojas, raíces, flores... Pero todos son diferentes. A lo largo de millones de años se han ido adaptando a los diferentes climas y depredadores, y hoy hay más de 60.000 especies distintas de árboles en todo el mundo. Además, dentro de cada especie cada individuo es único, ¡igual que nosotros!

COMO EN LAS MEJORES FAMILIAS

Carlos Linneo, un naturalista sueco, se dio cuenta de que las diferentes plantas estaban emparentadas y diseñó un sistema de clasificación para poner un poquito de orden. Desde entonces cada planta tiene un apellido (que indica el *género*) y un nombre de pila (que es la *especie*). Pero, como es en latín, nosotros solemos usar su nombre común, que es como el mote, y que cambia con frecuencia de un pueblo a otro. Por ejemplo, a *Quercus pyrenaica* lo llamamos roble, melojo o rebollo, y a *Quercus robur*, roble o carvallo. ¿Y Darwin? Él descubrió que los seres vivos van evolucionando generación tras generación, y que las especies que sobreviven no son las más fuertes, sino las que mejor se adaptan al medio.

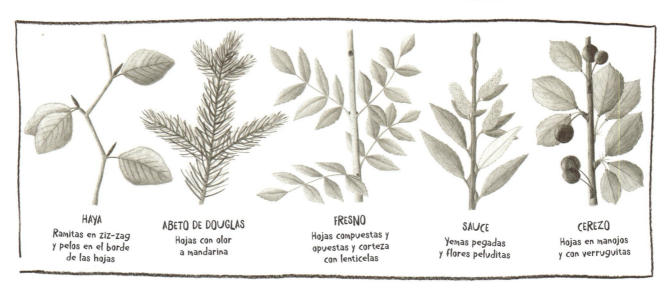

HAYA
Ramitas en ziz-zag y pelos en el borde de las hojas

ABETO DE DOUGLAS
Hojas con olor a mandarina

FRESNO
Hojas compuestas y opuestas y corteza con lenticelas

SAUCE
Yemas pegadas y flores peluditas

CEREZO
Hojas en manojos y con verruguitas

¡OJO CON LAS HOJAS!

Para identificar un árbol miramos sus hojas: su forma, su color, su dureza, su borde aserrado o liso, su olor, si tienen pelitos, si son simples o compuestas por varios foliolos... ¿Cómo sabemos si es hoja o foliolo? Una hoja es todo lo que sale justo por debajo de una yema (donde se protegen las hojitas que saldrán en la primavera siguiente). También necesitamos saber cómo se colocan en las ramas: una enfrente de otra, en escalera, en espiral, en manojitos... ¡Ah!, las coníferas tienen su propio tipo de hojas: las acículas o agujas.

LOS DE LA NIEVE

Tienen formas cónicas y ramas flexibles para que el peso de las nevadas no las parta. Ejemplos: abeto, alerce.

LOS RAMONEADOS

Suelen ser la única comida de los animales cuando todo está seco en verano o cubierto de nieve en invierno. Para defenderse tienen espinas y pinchos en las ramas y hojas más bajas. Ejemplos: encina, acebo.

LOS QUE HIBERNAN

Paran completamente su actividad para protegerse del frío. Antes han acumulado reservas para poder echar los brotes de nuevo en primavera. Ejemplos: haya, olmo.

LOS CURTIDOS

Sus hojas son pequeñas y duras, y tienen ceras o pelitos para no sudar tanto. Algunos tienen cortezas gruesas para protegerse del fuego. Ejemplos: algarrobo, alcornoque.

LOS TROPICALES

Donde crecen llueve tanto y hay tanto alimento que se hacen enormes sin que sus raíces tengan que profundizar para buscarse la vida, y muchos necesitan contrafuertes. Sus hojas, grandes y lisas, hacen que el agua resbale para evitar los hongos. Ejemplos: caoba, ficus.

La historia de los bosques

Los bosques actuales nacieron después de la última glaciación (que empezó hace 110.000 años y acabó hace 12.000), y enseguida los humanos empezamos a modificarlos con la agricultura y la ganadería. Desde entonces no hemos dejado de transformar los bosques de forma paralela a nuestros desarrollos sociales y tecnológicos... y a nuestras guerras. La historia de los bosques es como una película sin final y lo que hoy ves no es más que un instante de esa película. Antes no era así, ni será así dentro de algunos años. Deducimos cómo ha ido cambiando un bosque por hechos históricos que conocemos, por descripciones en libros antiguos, por las maderas de los edificios y por los utensilios que se encuentran por allí. También analizando restos de plantas y pólenes que encontramos en las excavaciones. Lo que no sabemos es cómo será ese bosque en el futuro.

EDAD CONTEMPORÁNEA
Desde hace 200 años hasta hoy

EDAD MODERNA
Desde hace 500 a 200 años

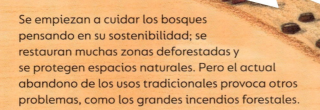

Se empiezan a cuidar los bosques pensando en su sostenibilidad; se restauran muchas zonas deforestadas y se protegen espacios naturales. Pero el actual abandono de los usos tradicionales provoca otros problemas, como los grandes incendios forestales.

Los bosques se ven como una fuente de materia prima de la que extraer todo sin tener en cuenta su renovación. Cada vez se corta más madera para la industria, la construcción de barcos, leñas... La lana es muy valiosa, y se desarbolan más zonas para que pasten las ovejas..

24

DAD MEDIA
sde hace 1.500 a 500 años

EDAD ANTIGUA
Desde hace 2.500
a 1.500 años

NEOLÍTICO
Desde hace 12.000
a 2.500 años

PALEOLÍTICO
Hace más de 12.000 años

Aumentan los cultivos.
El castaño y el olmo se expanden
por su utilidad. Algunos bosques
se convierten en lugares sagrados.
Aunque las guerras empiezan a dañarlos.

Los humanos nos volvemos sedentarios.
Empezamos a convertir bosques en tierras
agrícolas, y a domesticar cultivos y ganados
para asegurar nuestro alimento.

Los humanos somos cazadores recolectores. Por eso
durante la última glaciación nos resultó muy difícil
encontrar comida entre la nieve y el hielo.

25

Cuando los árboles sí te dejan ver el bosque

Los paisajes son el resultado de procesos naturales y de la influencia humana. Hay paisajes muy diferentes, que nos pueden parecer más o menos bonitos. Pero, si entrenamos la mirada para observar y deducir, vamos a poder comprender algunas cosas sobre la historia de ese sitio y de su estado actual. Podremos identificar, incluso de lejos, las especies de árboles, si se trata de una zona que ha sufrido incendio, a pesar de que ya no se vea nada quemado, si allí hay ganado y muchas cosas más. A esto se le llama *leer el paisaje*.

DE LEJOS

Las manchas de diferentes colores nos indican distintos tipos de vegetación. ¡Los árboles tienen colores distintos incluso cuando están sin hojas! Por ejemplo, en invierno, los hayedos se ven como manchas de un tono morado, mientras que los robledales (de roble rebollo) forman manchas grises, que cambian a púrpura cuando empiezan a abrirse las yemas en primavera. También podemos distinguir dónde hay un río, sobre todo en verano, porque la vegetación de ribera está mucho más verde que el resto (y además tiene forma de río). Si hay plagas o sequías percibimos algunos árboles rojizos o sin hojas, cuando deberían estar verdes. Una línea bastante horizontal a partir de la cual ya no hay árboles nos indica que por encima de esa altura de la montaña siempre hace demasiado frío y viento. Si vemos pastos en los que no hay nada de matorral y empieza a haber calvas en el suelo significa que hay demasiado ganado; y si, por el contrario, encontramos matorrales cada vez más grandes, es porque hay pocos animales. Claro que, si lo que observamos son zonas con mucho matorral que sube por la montaña con forma de cuña, probablemente allí hubo un incendio. Y si los árboles aparecen en hileras y todos son de la misma altura y color, es porque se ha hecho una reforestación.

DE CERCA

Las cortezas cambian de una especie a otra. La de los abedules es blanquísima, como si fuera de papel, mientras que la de los pinos silvestres tiene placas y es naranja en la parte superior, y la de las hayas es muy lisa. Pero el aspecto de los troncos también depende de los líquenes y los musgos que vivan sobre ellos. Y es que los hay amarillos, verdes, grises; algunos son esponjosos, otros parecen estropajos y otros recuerdan manchas de pintura. La forma de las ramas también es variada: pueden crecer hacia arriba o hacia abajo, estar enfrentadas o como en escalera. Y la luz de cada bosque es única porque depende de cómo son las diferentes hojas. En los hayedos, por ejemplo, la luz es muy, muy verde en primavera. Dicen que los árboles no dejan ver el bosque, pero ¿has probado a mirar cómo te dejan ver el cielo?

DE CERQUÍSIMA

Hay especies que son bioindicadoras; su presencia nos está diciendo que ese lugar goza de una salud excepcional. Por ejemplo, son bioindicadores las libélulas, las efémeras, los anfibios, los líquenes, las orquídeas, las peonías, entre otras.
Si imaginamos que somos diminutos hay micropaisajes que son un mundo para mirar, oler y tocar. Hojas con pelitos, margaritas cuyos centros están compuestos por cientos de flores, musgos que son bosques de mil colores... E insectos que, bien mirados, son seres fantásticos.

MACROPAISAJE Aliseda

MESOPAISAJE Aliso

MICROPAISAJE Hoja de aliso

Con los pies en el suelo

El suelo fértil es imprescindible; sin él prácticamente no habría vida terrestre. Se trata de una capa tan delgada que, si la Tierra fuese como un balón de fútbol, ¡su espesor sería 3.500 veces más fino que un pelo de tu cabeza! Hay muchísimas clases de suelos; cada uno es distinto en función del tipo de roca a partir de la cual se crea *(roca madre)*, del clima, de los miles de seres vivos que están por allí, y del momento del proceso de formación en el que se encuentre. Y es que el suelo está en un constante tira y afloja: a la vez que se va creando en la parte más profunda, se va erosionando en la parte superficial. Tarda entre cientos y miles de años en formarse, pero, si no está protegido, pueden bastar unas horas de tormenta fuerte para arrasarlo completamente.

PICANDO PIEDRA

Todo empieza cuando las rocas, que parecen tan duras, se disgregan por la lluvia, se rompen por el hielo y empiezan a ser colonizadas por seres vivos muy pequeños. Bacterias, líquenes, musgos, hongos y otros microorganismos liberan sustancias químicas que atacan las rocas. Y, al morir, sus restos se convierten en materia orgánica.

PASITO A PASITO

Hay semillas capaces de germinar sobre muy poca cantidad de materia orgánica. Estas nuevas plantas son la comida de otros seres que a su vez son el alimento de otros más grandes... Cada vez hay más excrementos y restos de animales y plantas que se incorporan al suelo, y más sustancias químicas que siguen atacando la roca madre.

CUANTOS MÁS, MEJOR

¡Una especie de cada cuatro vive en el suelo! En un solo gramo de suelo podemos encontrar miles de bacterias, hongos, gusanos, lombrices, insectos, ácaros, ciempiés y otros microorganismos.

MUCHO MÁS QUE TIERRA

Cuando el espesor de materia orgánica y de roca disgregada es suficiente, pueden habitarlo plantas cada vez más grandes. Estas contribuyen a que el suelo sea aún más profundo y a que se almacene y recicle más agua, nutrientes y carbono. Hay más espacio y recursos para más seres vivos. Pero a las plantas y los animales les pasa igual que a nosotros, no a todos nos gustan las mismas cosas. Dependiendo del tipo de suelo, vivirán unas u otras especies.

UNA DESPENSA PERFECTA

Un suelo desarrollado parece una tarta esponjosa. En la capa superior está la mayor parte de los animales, así como materia orgánica, carbono y nutrientes. En la siguiente, que es más espesa, es donde más agua se puede almacenar. Pero es la capa más profunda la que casi nunca se seca. Y aunque allí encontramos muchas piedras, las raíces de los árboles siguen haciendo crecer al suelo por debajo.

EROSIÓN FATAL

La evolución final de un suelo dependerá del clima, de la pendiente, del tipo de roca y de la vegetación. Si esta desaparece, el suelo queda desprotegido por arriba, las raíces ya no lo sujetan por debajo. El agua, el viento y la radiación solar lo atacarán, dando lugar a la erosión.

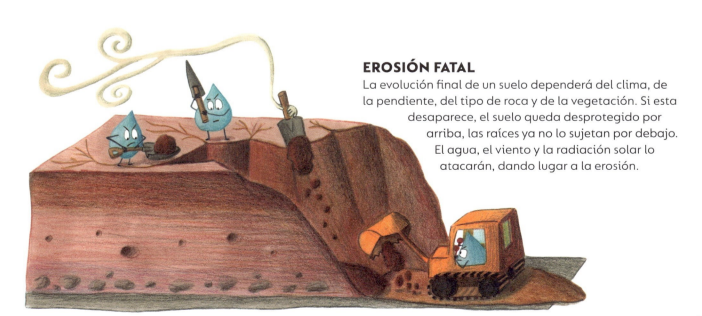

¿Cómo funciona un bosque?

Un bosque es mucho más de lo que podemos ver cuando paseamos por él. Es como una comunidad secreta de árboles, en la que todos están conectados a través de una red subterránea de hongos, gracias a la cual se intercambian información y sustancias para ayudarse unos a otros. Es como la Internet forestal.

¡ALERTA!

Cuando hay un ataque y el árbol nota que alguien está comiendo demasiadas hojas, fabrica distintas sustancias que funcionan como señales de alarma. Unas las envía hacia sus raíces, de donde pasan a la red de hongos que las distribuye bajo tierra. Y otras salen a través de sus hojas y se dispersan por el aire.

NI SETA, NI SETO: HONGO

Las setas son solo algo parecido al fruto de los hongos, que en realidad están formados por una red muy densa y enorme de células enterradas: el *micelio*.

MI MAMÁ ME MIMA

El *árbol madre* ayuda a las nuevas plantitas a crecer enviándoles señales de defensa y parte de su alimento. También cuida de los enfermos. Puede llegar al agua más profunda y cedérsela a los demás. Aunque se ocupa más de sus descendientes, también ayuda a los de otras especies. Gracias a Suzanne Simard, una investigadora contemporánea canadiense, sabemos que un árbol madre puede estar conectado a cientos de otros árboles.

Silvia y la fábrica prodigiosa

Cierra los ojos y piensa en la última vez que viste un árbol. ¿Cómo era? Seguramente, muy grande. ¿Y cuánto crees que ocupaban sus raíces? ¡Pues, al menos, lo mismo que la copa! La próxima vez que mires un árbol imagínate cómo es todo eso que, aunque esté enterrado, es tan importante como lo que sí se ve.

Algo que tampoco se ve (y que también es vital) es el mecanismo que tiene el árbol para hacerse a sí mismo. Se llama *fotosíntesis*, una palabra que viene del griego antiguo y significa «crear gracias a la luz». Pero esto no funciona por arte de magia potagia (aunque no exista nada más mágico en nuestro planeta): aquí todo es cuestión de física y química.

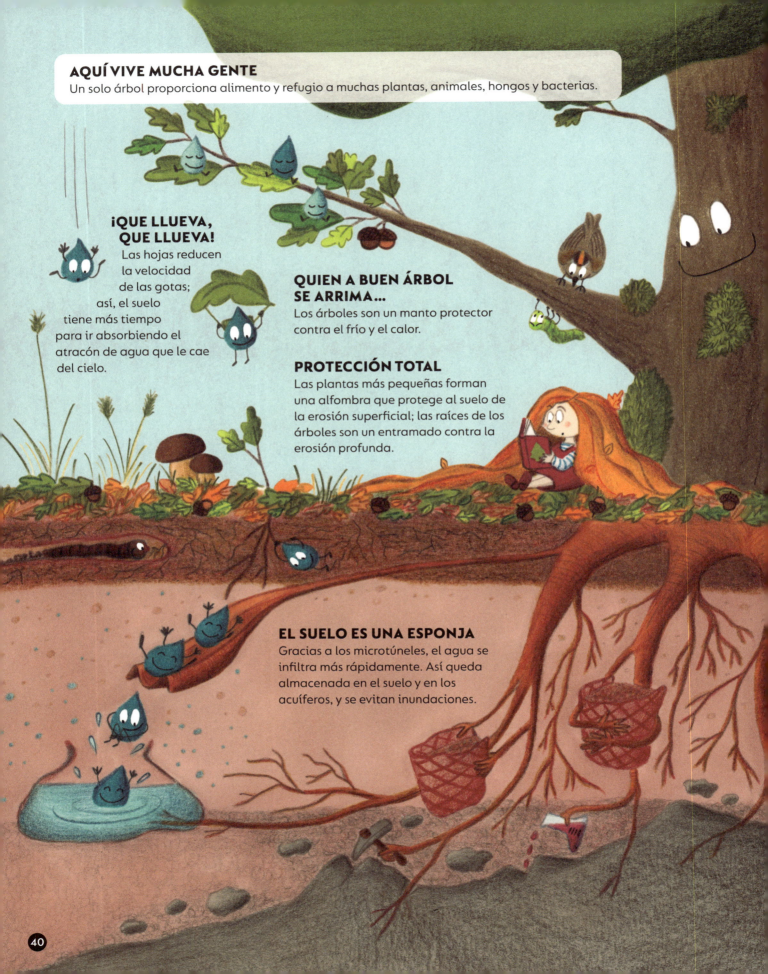

AQUÍ VIVE MUCHA GENTE
Un solo árbol proporciona alimento y refugio a muchas plantas, animales, hongos y bacterias.

¡QUE LLUEVA, QUE LLUEVA!
Las hojas reducen la velocidad de las gotas; así, el suelo tiene más tiempo para ir absorbiendo el atracón de agua que le cae del cielo.

QUIEN A BUEN ÁRBOL SE ARRIMA...
Los árboles son un manto protector contra el frío y el calor.

PROTECCIÓN TOTAL
Las plantas más pequeñas forman una alfombra que protege al suelo de la erosión superficial; las raíces de los árboles son un entramado contra la erosión profunda.

EL SUELO ES UNA ESPONJA
Gracias a los microtúneles, el agua se infiltra más rápidamente. Así queda almacenada en el suelo y en los acuíferos, y se evitan inundaciones.

VERDE QUE TE QUIERO VERDE

La *energía solar fotovoltaica* llega a las hojas y activa sus moléculas de clorofila, unas minifábricas que extraen el carbono de la atmósfera y hacen azúcares con él. El oxígeno que sobra se libera al aire.

UNA FÁBRICA DE LLUVIA

La *energía solar térmica* (o sea, el calor del sol) bombea el agua del suelo que, junto a los nutrientes, sube por la madera y sale a la atmósfera por los poros de las hojas en forma de vapor de agua. Esto favorece la creación de nubes.
Sí, has leído bien, pone *ma-de-ra*. Y es que en realidad el *xilema*, que es así como se llama (viene del griego, ¿eh?), no es otra cosa que un montón de tuberías duras puestas unas al lado de otras que, por una parte, transportan la savia bruta hacia arriba, y por otra, sujetan al propio árbol.

¿AUTOTROFISMO?

También viene del griego y significa «comerse a sí mismo». ¡Pero no como cuando tú te comes las uñas! El árbol fabrica azúcares que bajan por el *floema*, se alimenta de ellos para crecer y, ¡tachán!, el carbono que antes estaba en la atmósfera queda almacenado en forma de árbol. ¡Ah!, *floema* significa «lo que hace la corteza», ya que estas tuberías, por donde baja la savia elaborada, se sitúan justo debajo de ella. Y muy cerca está la pared del *cambium* (mira, esto viene del latín), una zona delicadísima donde el árbol aumenta su circunferencia año tras año.

¡AL ALMACÉN!

Muchos azúcares se guardan en las raíces y en el suelo, o se comparten con otros árboles vecinos que los necesiten.

41

¿Qué fue antes, la semilla o el árbol?

Parece increíble que algo tan grandioso como un árbol venga de algo tan pequeño como una semilla. ¿Sabías que no todas las semillas germinan y crecen igual? Cada especie de árbol (y de arbusto, de mata, de hierba...) tiene necesidades y estrategias diferentes para sobrevivir. Por eso sus semillas también son distintas. Unas viajan gracias al viento, al agua o a los animales (en sus intestinos o agarradas a su pelo), y otras solamente son capaces de crecer al abrigo de árboles adultos, por lo que prácticamente ni se moverán del lugar donde han caído. Unas se tienen que buscar la vida enseguida y están obligadas a crecer muy rápidamente y en cualquier sitio, mientras que otras guardan reservas suficientes para tomarse las cosas con calma. Unas no despiertan hasta haberse asegurado de que ya ha pasado el invierno (para que no les pille una helada por sorpresa), y otras, hasta comprobar que tienen agua suficiente (para no morir en el intento)... Pero no todos los árboles que ves han nacido de una semilla. ¡Algunos tienen su origen en un trozo de rama, raíz o yema de otro árbol!

SEMILLAS CON MUCHO CARÁCTER

LAS DE LA RASCA
Para poder germinar tienen que haber pasado frío.

LAS SUPERSEMILLAS
Crecen en cualquier sitio, aunque sea muy malo.

LAS DELICADAS
Necesitan protección y suelen ser gorditas. Cuando caen, lo hacen cerca de su madre.

LAS DE POR SI ACASO
Viven en refugios contra incendios hasta que pasa el peligro.

LAS ALMACENADAS
Hay animales que entierran semillas para el invierno. Se comerán algunas y otras acabarán germinando.

LAS RÁPIDAS
Son las primeras en germinar.

LAS AVENTURERAS
Conquistan nuevos territorios, muchas veces lejos de su árbol madre.

LAS DURAS DE ROER
Necesitan ser digeridas para que se rompa su cáscara. ¡Ojo, para nosotros pueden ser venenosas!

LAS MOVIDITAS
No se están quietas hasta que encuentran agua. Mucha gente las confunde con el polen.

RAÍCES Y PUNTAS

LOS REBROTES
Hay árboles que no mueren después de un incendio o de ser cortados. Al poco tiempo, de sus restos surge un montón de brotes. Y aunque puedan parecer arbolitos nuevos, en realidad son diferentes troncos de una misma raíz, ¡que puede tener cientos de años!

DE TAL PALO, TAL ASTILLA
Algunos árboles que crecen cerca del agua pueden tener hijos gracias a las semillas, pero también hermanos gemelos gracias a los esquejes. Basta con un trocito de planta para que crezca un árbol exactamente igual, un *clon*.

COMO DOS GOTAS DE AGUA
Que todos los árboles sean exactamente iguales puede tener sus ventajas. Por ejemplo, cuando un individuo es resistente a una enfermedad, reproducirlo mediante clones asegura que todos sean resistentes.

¿CÓMO NACE UN ROBLE?

Las bellotas maduras caen por su propio peso.

Estas semillas tienen todo el alimento que la planta necesita en sus primeros momentos. Así que no tienen prisa por echar hojas para empezar la fotosíntesis y alimentarse por sí mismas. En vez de eso, desarrollan raíces muy profundas.

Por fin, al cabo de unos seis meses de haber caído, sacan sus primeras hojas y empiezan a ser autosuficientes.

¿CÓMO NACE UN PINO?

Las piñas se abren, y los piñones salen volando; pueden llegar a cientos de metros de distancia.

Pero para poder volar tienen que pesar muy poco... Por eso, estas semillas apenas llevan reservas. Así que se tienen que dar mucha prisa en valerse por sí mismas. Y en vez de dedicar el tiempo a echar una gran raíz, se concentran en hacer la fotosíntesis cuanto antes, y lo consiguen apenas una o dos semanas después de germinar.
Los piñones que se comen, los del pino piñonero, no tienen alas porque pesan demasiado para poder volar... ¡Y es que tienen mucho alimento! Pero eso ya lo sabrás... ¿O es que nunca has partido piñones con una piedra?

Al cabo de un par de meses de vida tendrán sus primeras agujas de verdad.

¿Sabes todo lo que te cuenta la madera?

Seguro que has escuchado mil veces que el número
de anillos de un árbol indica su edad y bla, bla, bla.
Pero ¿sabes por qué? Además, no todos los árboles tienen
anillos. ¿Te sorprende?

Leer la madera, es decir, deducir a partir de la observación
tal como hacíamos con el paisaje, nos permite saber qué
le ha pasado a un árbol a lo largo de su vida, cómo ha sido
la historia de un bosque e incluso cómo ha ido cambiando
el clima. Por ejemplo, el cambio climático actual ya se
refleja muy bien en la madera. Pero para poder leer toda
esta información hay que conocer el lenguaje propio
de la madera.

DIME CÓMO CRECES Y TE DIRÉ PARA QUÉ SIRVES

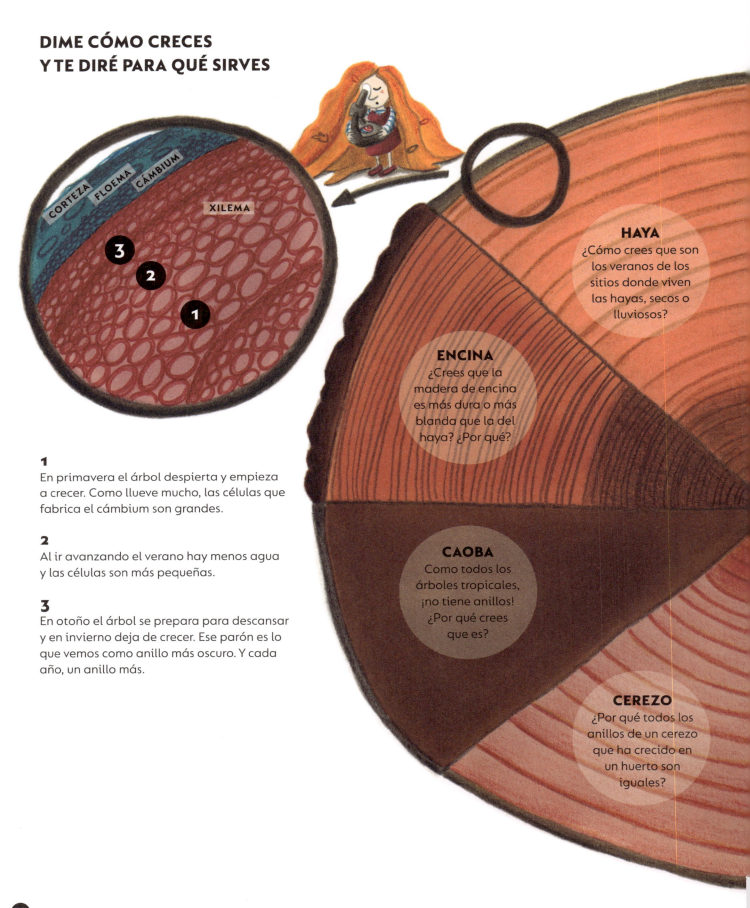

1
En primavera el árbol despierta y empieza a crecer. Como llueve mucho, las células que fabrica el cámbium son grandes.

2
Al ir avanzando el verano hay menos agua y las células son más pequeñas.

3
En otoño el árbol se prepara para descansar y en invierno deja de crecer. Ese parón es lo que vemos como anillo más oscuro. Y cada año, un anillo más.

HAYA
¿Cómo crees que son los veranos de los sitios donde viven las hayas, secos o lluviosos?

ENCINA
¿Crees que la madera de encina es más dura o más blanda que la del haya? ¿Por qué?

CAOBA
Como todos los árboles tropicales, ¡no tiene anillos! ¿Por qué crees que es?

CEREZO
¿Por qué todos los anillos de un cerezo que ha crecido en un huerto son iguales?

La madera de cada especie de árbol es distinta: más o menos resistente, dura o blanda, ligera o pesada, oscura o clara, lisa o con dibujo… Por eso cada madera se usa para cosas diferentes.

CHOPO
La madera de chopo es de color blanco-amarillento, ligera y resistente. Estas características hacen que sea perfecta para fabricar cajas de fruta, palillos, cerillas y también muebles de autocaravanas.

ABETO
Aunque para fabricar algunos instrumentos se utilicen maderas nobles (nogal, cerezo, serbal y algunas tropicales), la madera de abeto es bastante ligera y tiene buena resonancia, por lo que se utiliza para violines, guitarras, pianos… Y también para paredes o suelos de casas de madera.

PINO SILVESTRE
Es una madera muy resistente, ideal para hacer estructuras. También se usa para puertas, ventanas, muebles… Gracias a la tecnología, cada vez hay más construcciones de madera en pueblos y ciudades, incluso edificios altísimos. Así, el CO_2 que los árboles han ido retirando de la atmósfera al crecer ahora estará almacenado durante años, contribuyendo a frenar el cambio climático.

TODAS LAS MADERAS TIENEN UNA HISTORIA

RODAJA
Se pueden contar los anillos en una rodaja, pero para eso hay que cortar el árbol.
Hay bases de datos de rodajas (llamadas cronologías) que nos permiten saber cómo ha ido cambiando el clima, ¡desde hace más de 4.000 años!

BARRENA
También se pueden contar los anillos sacando una pequeña muestra de madera. Es como cuando a ti te hacen un análisis de sangre.

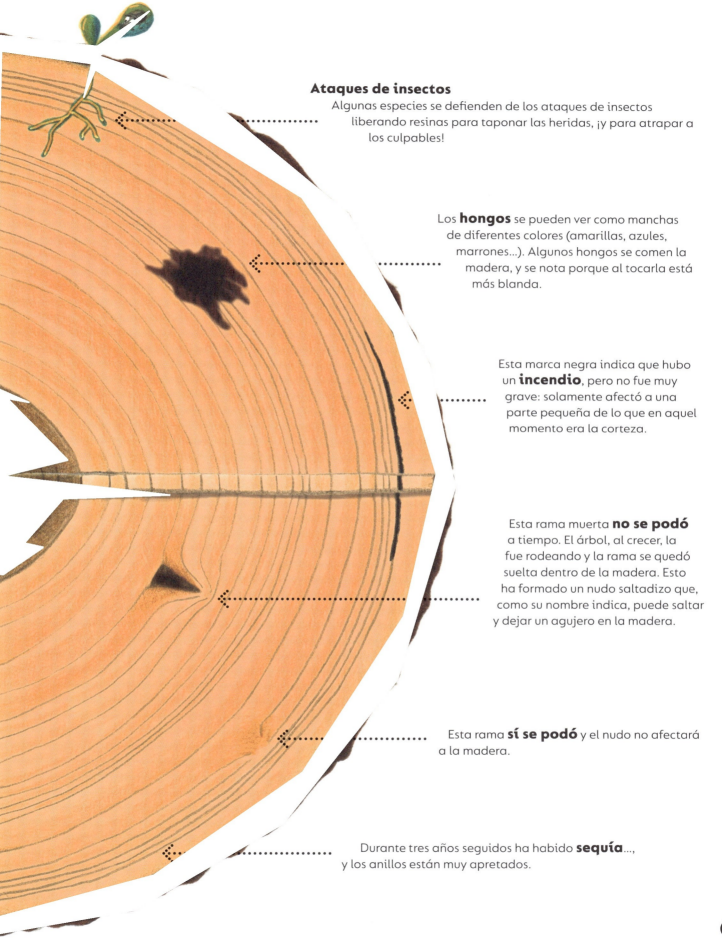

Ataques de insectos
Algunas especies se defienden de los ataques de insectos liberando resinas para taponar las heridas, ¡y para atrapar a los culpables!

Los **hongos** se pueden ver como manchas de diferentes colores (amarillas, azules, marrones…). Algunos hongos se comen la madera, y se nota porque al tocarla está más blanda.

Esta marca negra indica que hubo un **incendio**, pero no fue muy grave: solamente afectó a una parte pequeña de lo que en aquel momento era la corteza.

Esta rama muerta **no se podó** a tiempo. El árbol, al crecer, la fue rodeando y la rama se quedó suelta dentro de la madera. Esto ha formado un nudo saltadizo que, como su nombre indica, puede saltar y dejar un agujero en la madera.

Esta rama **sí se podó** y el nudo no afectará a la madera.

Durante tres años seguidos ha habido **sequía**…, y los anillos están muy apretados.

No solo de árboles se vive en el bosque

Tras las penurias alimenticias que pasamos en la última glaciación, descubrimos que cultivar la tierra y domesticar el ganado nos permitía asegurar el sustento.
Desde entonces hemos utilizado los bosques para criar nuestro ganado, y también hemos convertido muchos en pastos. Y aunque en épocas pasadas casi llegamos a esquilmarlos, hoy por hoy, con el cambio climático, la *ganadería extensiva* bien gestionada es más necesaria que nunca para proteger a los bosques de los incendios y conservar la biodiversidad.

YA SE VAN LOS PASTORES...
Los pastos de alta montaña siguen frescos en verano, mientras que en invierno los del valle no llegan a estar cubiertos de nieve. Con la *trashumancia* el ganado puede comer sin necesidad de cereales o piensos. Gran parte de nuestra riqueza cultural se la debemos a los pastores, que traían y llevaban recetas de cocina, semillas de huerto, canciones...

CHURRAS CON MERINAS
Las razas de ganado autóctonas son las mejor adaptadas a cada zona y uno de nuestros bienes patrimoniales más importantes. La mayoría están en peligro de extinción a causa de la producción intensiva en macrogranjas, un modelo que no tiene nada que ver con la ganadería extensiva.

IRSE POR LAS RAMAS
Hay árboles comestibles (¡para el ganado, no para ti!). Cuando no hay suficiente pasto, se utilizan sus ramas como *forraje*. Los nuevos (y deliciosos) arbolitos solo podrán prosperar si están protegidos, aunque sea por zarzas y rosales.

DE FLOR EN FLOR
Las abejas *polinizan* nuestros huertos y frutales, y también muchas plantas y árboles silvestres. Gracias a ellas hay frutos y semillas que sirven de alimento a la fauna silvestre y con las que el bosque se regenera. Algunos apicultores desplazan sus colmenas para buscar

PONER PUERTAS AL CAMPO
A veces, para que una zona se pueda regenerar, hay que acotarla al pastoreo una temporada. Por eso es tan importante mantener cerradas las vallas que nos encontremos en nuestros paseos.

PAISAJES CULTURALES

El ganado recorre los pastos, escogiendo las plantas que más le gustan y que necesita. Los ganaderos siegan algunos prados y guardan la hierba en silos para el invierno. Los setos, los bosquetes y las tapias de piedra son refugio de animales y plantas, conectan ecosistemas y son un regalo para la vista.

REBAÑOS DE BOMBERAS

Con el cambio climático y el abandono rural, cada vez hay más materia inflamable en los bosques. Los rebaños son excelentes para la prevención de incendios. Al comerse parte de la vegetación, se reduce el riesgo de incendio y, en el caso de que lo haya, su severidad.

OVEJA QUE BALA, BOCADO PIERDE

Cuanto más se come un pasto, de mejor calidad es. ¿Curioso? Se trata de la *paradoja pastoral*, y es que las plantas más ricas y nutritivas llevan miles de años adaptándose al ganado. Tras ser comidas, rebrotan más tiernas y los animales esparcen sus semillas a la vez que van abonando a su paso.

El bosque que nos cuida

Puede que vivas en un pueblo y tengas la enorme suerte de disfrutar del bosque cada día. Pero aunque tu casa no sea de madera, aunque vivas en medio de una gran ciudad, tu vida está llena de bosque por todos los rincones. Pero todos, toditos. Y es que, en realidad, el bosque es nuestro hogar: nos cuida, nos protege, nos da agua y aire limpios y alimentos, nos proporciona calma, ideas nuevas, ¡y hasta ropa! ¿Crees que estamos exagerando? Pues cuando pases la página verás todos los regalos que nos hacen los bosques cada día. Incluso el papel de este libro que ahora estás leyendo (bueno, seguro que eso ya lo sabías). Hay una canción que dice que *Love is all around*, pero más bien es el bosque el que está en todas partes. ¡Y menos mal! Porque los seres humanos dependemos tantísimo de los bosques que, si no existieran, tampoco estaríamos por aquí.

LOS BOSQUES SON SALUD

Seguramente alguna vez has tomado una infusión de manzanilla porque te molestaba la tripa, o has usado una pomada de árnica para un chichón. Las plantas silvestres tienen compuestos químicos que venimos aprovechando desde hace miles de años, y muchísimos de nuestros medicamentos siguen empleando las sustancias de esas plantas, o imitaciones químicas. De hecho, en una cuarta parte de los medicamentos actuales se utilizan plantas de bosques tropicales. Por este motivo, entre otros cientos de miles de razones, es tan importante su conservación. ¿Y si la cura de una enfermedad muy grave estuviera en las selvas que hoy se están destruyendo y se perdiera para siempre?

BARRERAS DE PROTECCIÓN

Los bosques también nos separan de enfermedades que pueden pasar de los animales silvestres a los humanos. Muchos virus y bacterias suelen tener especies preferidas de animales en las que alojarse. Si los ecosistemas están en equilibrio, los predadores naturales se encargan de controlar las poblaciones de animales infectados. Pero, si se destruye ese equilibrio y los animales enfermos llegan hasta nuestros animales domésticos o hasta nosotros, podría desencadenarse un desastre mayúsculo.

BAÑOS DE BOSQUE

El bosque es antiestrés. Y, como nuestras defensas bajan mucho cuando estamos estresados, podemos decir, sin miedo a equivocarnos, que el bosque nos ayuda a estar más fuertes y así enfermar menos. De hecho, está comprobado que los pacientes que pueden ver árboles por la ventana se recuperan en menos tiempo. Y en algunos países los médicos te recetan baños de bosque. No es que tengas que meter trozos de árboles en tu bañera (aunque muchos jabones y cremas también se hacen con plantas del bosque), solamente pasear entre ellos en silencio.

MUCHO VALOR Y POCO PRECIO

Ya has visto que los árboles crean el suelo fértil, facilitan nutrientes al resto de las plantas, favorecen las lluvias, evitan las inundaciones e impiden que el agua arrase el suelo a su paso. Y, gracias a ello, el bosque también nos proporciona carne, lácteos y miel de calidad procedentes de ganadería extensiva, frutos silvestres, setas... Pero todo esto no se limita al interior del bosque. Los bosques que están en las montañas, donde nacen los ríos, protegen, fertilizan y ponen agua a disposición de todo el terreno que está más abajo, incluso a kilómetros de distancia. Así que, aunque los cultivos agrícolas crezcan fuera del bosque, también dependen de los árboles. Por mucha tecnología que tengamos, sin bosques no habría suficientes polinizadores, ni predadores de plagas, ni suelo fértil. ¡Los bosques son necesarios incluso para las ciudades! Y es que, a pesar de estar tan lejos, el aire y el agua que se respira y bebe en ellas también dependen totalmente de los bosques.

¡EUREKA!

Los bosques han inspirado a inventores, pensadores y artistas e incluso se han convertido en objeto de admiración a través del *land-art*. Hay grandes cuadros, sinfonías o historias que suceden en bosques famosos, y está comprobado que meditar o pasear en silencio por ellos ventila el cerebro. Así que, la próxima vez que digas «¡No sé qué pintaaaar!», ya sabes dónde puedes ir. A paseo... ¡por el bosque, claro!

UN FILTRO NATURAL

Los bosques descontaminan el agua que se va infiltrando hasta los acuíferos gracias a las bacterias que viven alrededor de las raíces, y también gracias a las propias raíces, que absorben contaminantes.

BIODIVERSIDAD

En los bosques vive el 80% de la biodiversidad terrestre. Con solo un árbol nuevo se consigue dar refugio y alimento a aves, pequeños mamíferos, insectos, arañas, lombrices, hongos, líquenes, bacterias... Y con solo una hilera de árboles y arbustos se crea un pasillo verde que conecta y hace más sostenibles los ecosistemas que se han quedado aislados por carreteras, grandes cultivos, o ciudades, por ejemplo, para que, entre otras cosas, los animales (y las semillas) se puedan desplazar de forma segura de un lugar a otro.

AIRE LIMPIO

Las actividades humanas, especialmente a partir de la revolución industrial, emiten un exceso de *dióxido de carbono* (CO_2) a la atmósfera, y esto es una de las principales causas del cambio climático actual. Los árboles absorben gran parte de ese dióxido de carbono mediante la fotosíntesis, lo que contribuye a frenar el calentamiento global. Además, también filtran contaminantes del aire, que almacenan en sus troncos.

MAR SIN PLÁSTICOS

Gracias a las *biorrefinerías*, la madera es ya una alternativa al plástico. En estas fábricas la madera se transforma en bioplásticos, que en algunas ocasiones también son biodegradables. Y también a partir de la madera se pueden fabricar tejidos, biopinturas... ¡y hasta madera transparente para las ventanas!

El bosque en la ciudad y la ciudad en el bosque

Mira a tu alrededor ¿Cuántas cosas ves que vengan del bosque? Pues claro, mogollón. Puertas, muebles, papel (¡también el higiénico!), pinturas y barnices que se hacen con resina (eso no lo sabías, ¿eh?), cestas de sauce o castaño, tapones de corcho y muchas más. Son cosas que necesitamos, y no es malo usarlas. Primero, porque es mejor para el planeta usar estos productos renovables que los derivados del petróleo. Pero además, y aunque suene raro, muchos de los bosques que están mejor cuidados y sufren menos grandes incendios son los que se utilizan. Aunque para eso es fundamental no poner en peligro su futuro, es decir, usarlos de forma sostenible. No se deben emplear máquinas en verano (para evitar chispas), ni cuando ha llovido mucho (destrozarían el suelo), ni cuando los animales están criando... Y, sobre todo, siempre que se corten árboles hay que asegurarse de que crecerán arbolitos nuevos.

Nuestro día a día afecta a los bosques y a sus habitantes, aunque hay formas de que nuestra *huella* se note lo menos posible. Necesitamos embalses para tener reservas de agua, pero habrá que poner escalas para que los peces puedan saltar los diques o presas y vigilar que el río siempre lleve suficiente caudal para ellos. E, igual que necesitamos *potabilizar* el agua para eliminar microorganismos peligrosos, es importante depurarla después de que haya pasado por nuestras casas. Las energías limpias deben serlo de verdad. Para evitar dañar a las aves, los *aerogeneradores* se deben situar lejos de sus rutas de vuelo y las líneas eléctricas tienen que llevar *salvapájaros* para que sean más visibles. Y, esto es muy importante, nunca plantes en un bosque plantas de jardín ni liberes mascotas exóticas o animales de granja: pueden convertirse en invasoras y contagiar muchas enfermedades.

Bosques en peligro

Muchos bosques en todo el mundo están amenazados.
Cada vez que se corta un bosque de forma codiciosa, cada
vez que se le roba una parte para poner cultivos o edificios,
o para extraer piedras o minerales, cada vez que se lo divide
en trozos con autovías, líneas de tren de alta velocidad
o vallados enormes, cada vez que se abusa de las especies
exóticas, se pone en peligro su futuro y a los animales
y las plantas que viven allí.
Es cierto que a veces necesitamos utilizar muchos árboles
de golpe, y entonces es necesario hacer plantaciones. La
mayoría de las plantaciones productivas de Europa se han
puesto (y se siguen poniendo) en lugares donde los bosques
habían desaparecido ya hace muchos años, incluso siglos.
En realidad son como cultivos, solo que de árboles, en vez
de patatas. Además, cuando estas plantaciones están bien
gestionadas y se cuida el suelo, también aportan beneficios
al ambiente (más que las patatas), porque desde que se
plantan hasta que se cortan pasan muchos años. Hacen falta
unos 10 o 15 años para producir madera de chopo o pasta
de papel de eucalipto, y unos 20 o 60 para obtener madera
de nogal o cerezo de calidad. Y durante todo ese tiempo
los árboles estarán almacenando carbono de la atmósfera,
sujetando el suelo con las raíces, permitiendo que puedan
vivir otros animales, por ejemplo. Bueno, las cosas que ya
sabes. Lamentablemente, no todas las plantaciones
se hacen bien y en algunos casos, para ponerlas, incluso
se han talado bosques (y aún se sigue haciendo).

A SACO PACO

En algunos países donde no hay leyes que protejan a los bosques se cortan extensiones enormes sin dejar ni bosquetes ni árboles madre. En los bosques tropicales, que están formados por un popurrí de especies distintas, se arrasan hectáreas para aprovechar tan solo la que esté de moda. También se están talando esas selvas para extraer petróleo o minerales como el coltán.

TALA Y QUEMA

Las selvas se cortan y queman para sustituirlas por plantaciones de palma en Indonesia, o por praderas y cultivos de soja en el Amazonas, o de maíz en Madagascar. Esto destruye el hábitat de muchos animales en peligro de extinción, como han denunciado durante años Jane Goodall o Dian Fossey. También se instalan en su lugar extensos cultivos de regadío que sobreexplotan los acuíferos.

EL ATAQUE DE LOS CLONES

Las plantaciones para madera o papel que ocupan grandes extensiones con todos los árboles de la misma especie (y la misma edad) son más vulnerables al cambio climático y a las plagas y las enfermedades. Especialmente, en el caso de que se haya plantado el mismo clon: como todos los árboles son genéticamente iguales, en cuanto un bicho o un hongo dañino aprende a atacar a un individuo, ya sabe cómo atacar rápidamente al resto. Y si las enfermedades y plagas son exóticas, ¡mucho peor!, porque ni los árboles saben defenderse de amenazas nuevas ni hay predadores naturales que puedan ponerles freno. Por todos estos motivos, muchos árboles mueren y se convierten en madera seca que aumenta el riesgo de incendios.

TORMENTAS DE FUEGO

Con el cambio climático y el abandono de los aprovechamientos tradicionales, cada vez hay más riesgo de que los incendios se conviertan en fenómenos terribles, imposibles de apagar con medios humanos. Generan su propia meteorología, llegando a crear tormentas de fuego, ¡de más de 2.000 °C!, con nubes, tornados de fuego y rayos que propagan los incendios a kilómetros.

2,8 TIERRAS...

... nos harían falta a los humanos para seguir llevando nuestro ritmo de vida actual. Pero solo tenemos un planeta, así que no nos queda más remedio que sustituir los productos y la energía que utilizamos ahora por otros que sean sostenibles, y dejar de consumir todo lo que no necesitamos.

¡Fuego!

La gran dificultad en la prevención de incendios es que toda esa vegetación que queremos proteger es, a su vez, el elemento que usa el fuego para alimentarse, avanzar y crecer. El fuego es un factor natural que durante miles de años ha controlado la cantidad de materia combustible que se iba acumulando en el bosque. Los humanos también usamos el fuego, desde que aprendimos a dominarlo: para crear más pastos y terrenos agrícolas, para dañar al enemigo en las guerras... Ya sea de forma natural o artificial, prácticamente todos los paisajes han sido modelados por el fuego, que a veces atacaba con tal intensidad, y se repetía tantas veces, que los bosques acabaron por desaparecer en muchos sitios.

SIN QUERER QUERIENDO

Nueve de cada diez incendios están causados por los humanos: colillas, chispas que saltan de cosechadoras agrícolas, trenes o tendidos eléctricos, quemas (para renovar pastos o eliminar rastrojos) que se descontrolan, venganzas...

LA CASITA EN EL BOSQUE

Las casas y las urbanizaciones dispersas suponen un peligro enorme. Además, en caso de incendio, la ley dice que después de las vidas humanas hay que salvar las construcciones y las propiedades. Como el bosque se deja para lo último, el fuego, que se inició como algo pequeño, va ganando fuerza hasta que sobrepasa la capacidad de extinción.

CADA VEZ MENOS PERO MÁS PELIGROSOS

Hoy en día tenemos unos medios de detección y de extinción de incendios mejores que nunca. Así que, si un fuego es normalito, lo podemos apagar mucho antes. Esta es una buenísima noticia. Pero claro, toda la vegetación que se salva y que sigue creciendo año tras año es también materia inflamable que puede arder más intensamente en la siguiente ocasión. Si evitamos incendios pero no retiramos el exceso de vegetación (por ejemplo, sacando madera o dejando que el ganado paste en el bosque), llegamos a la situación actual: nunca antes en la Historia habíamos tenido tanto combustible en los bosques. Y esto es una bomba de relojería, porque, si la siguiente vez que aparezca un fuego se dan las condiciones adecuadas (alta temperatura, sequedad y viento fuerte), se convertirá en un incendio catastrófico, muy difícil de apagar incluso con los mejores medios.

UN DESASTRE QUE SE VEÍA VENIR

Durante el último siglo mucha gente dejó el campo para irse a vivir a la ciudad. Al haber poca población rural, se ha ido abandonando el empleo de leñas y la ganadería extensiva, que controlaba el matorral y la hierba. Además, con el cambio climático, hay más árboles muertos y los veranos son cada vez más secos y calientes. Todo el combustible descontrolado que hay en el bosque está muy seco, listo para arder a la mínima. Por todo esto, los incendios alcanzan muchísima temperatura y las llamas llegan a ser tan altas y veloces que no nos lo podemos ni imaginar. Son imposibles de apagar, y se acaban convirtiendo en grandes incendios forestales de más de 500 hectáreas en los que se quema todo. No solo lo que vemos, la vegetación y los animales: también lo que hay en el suelo, la materia orgánica, las semillas almacenadas, las raíces más profundas, los animales y los microorganismos que allí viven. En definitiva, todo lo que hace que el suelo sea suelo.

LOS INCENDIOS SE APAGAN TODO EL AÑO

Eliminar materia combustible en algunas zonas es la clave para prevenir incendios. Se pueden hacer áreas cortafuegos, en las que se quita parte de la vegetación, para que, al llegar a ellas, el fuego pierda fuerza y velocidad. También se debe limpiar cerca de las carreteras para evitar que las colillas, que algunos siguen tirando por la ventanilla, provoquen un desastre. Lo ideal es mantener a raya la cantidad de vegetación con pastoreo de ganado extensivo. Así, en caso de incendio, las llamas no podrán trepar de la hierba a los matorrales y los arbustos, y de estos a las copas de los árboles. En algunas ocasiones, los pastores reciben dinero público por el trabajo de prevención que hacen sus ovejas para todos nosotros.

UN DRAGÓN DE FUEGO

Un incendio es una bestia que necesita combustible para comer y oxígeno para respirar. Si dispone de estas dos cosas crece sin parar. El aire que calienta pesa menos, por lo que sube y deja un hueco que se llena con el aire de alrededor. Esta corriente que sopla hacia el fuego es como un fuelle que hace que cada vez se avive más, alcance más temperatura, sea más rápido y queme más vegetación. Es como un dragón de fuego que tiene frente, flancos, dedos y cola.

Las personas que trabajan en incendios forestales cuentan que realmente parece que el fuego piensa por sí mismo, porque siempre va buscando el lugar por donde puede hacerse más grande y provocar más daño. Incluso estando acorralado encuentra una salida y vuelve a crecer.

A veces, cuando la cosa está descontrolada, el incendio va a tal velocidad y tiene tanta fuerza que la única opción es contraatacar con un contrafuego, un fuego que se enciende adrede para que vaya en dirección contraria a la del primero y lo extinga. La misma corriente de aire que antes avivaba el incendio hace que el nuevo fuego avance hacia él, quemando todo el combustible a su paso. Cuando los dos fuegos se encuentran, ya no queda nada que pueda arder ni en una dirección ni en otra y ambos se matan mutuamente.

SEÑALES DE HUMO

El color, el tamaño y la forma del humo nos dan pistas sobre cómo es un incendio.

Se están quemando pastizales, hay poco combustible.

Se está quemando gran cantidad de árboles y matorrales y hace viento.

Se está quemando tantísimo combustible que el incendio se ha convertido en una tormenta de fuego.

¿CÓMO SE MUEVE UN INCENDIO?

El aire caliente del incendio sube y tira del fuego ladera arriba. A medida que avanza, gana temperatura, fuerza y velocidad.

Al anochecer siempre se produce una inversión térmica en las montañas que provoca corrientes de aire hacia el valle que harán que el incendio vuelva por donde ha venido y se extinga de forma natural.

Pero, si pasa a la otra ladera, será una catástrofe: la corriente que baja hacia el valle lo que hace ahora es empujar al fuego hacia adelante, donde aún hay vegetación sin quemar. De noche no se puede trabajar para apagarlo y se descontrolará.

DURANTE Y DESPUÉS DE LA EXTINCIÓN

Para extinguir un incendio hacen falta muchas personas y mucha calma, ya que se genera tensión y, a veces, los nervios, el pánico y el instinto de supervivencia pueden hacer que alguien reaccione mal. Para evitar accidentes es fundamental que todo el mundo trabaje coordinado y siga, sin rechistar, las decisiones y las órdenes del puesto de mando. Desde luego, no es ni el lugar ni el momento de ponerse a debatir... ¡Es una emergencia! La extinción es un trabajo físico y mental muy duro que puede durar horas o días enteros. Además, una vez apagado el fuego, hay que quedarse vigilando y remojando el lugar para evitar que las ascuas se reaviven. Pero el trabajo no acaba cuando se ha apagado el último rescoldo. Es muy importante proteger cuanto antes el suelo para evitar que se pierda por completo con la lluvia y ayudar a la recuperación de plantas y animales.

ANTES DE LA LLUVIA

Es muy importante comenzar pronto con la restauración. Los árboles quemados se cortan para evitar que sean focos de plagas y para dejar sitio a las nuevas semillas.

SUJETAR EL SUELO

Con los troncos más finos y las ramas se hacen fajas y empalizadas para que la lluvia no arrastre el suelo desnudo.

PROTEGER LA FAUNA

No hay que olvidarse de hacer refugios para los pequeños mamíferos y oteaderos para las rapaces.

BANCOS DE VIDA

Si el fuego no ha afectado al subsuelo, donde están el almacén de semillas y las raíces de las rebrotadoras, pronto empezarán a salir nuevas plantas. Pero a veces será necesario *reforestar*.

¿Cómo se cuida un bosque?

Ya te has dado cuenta de que no podemos vivir sin bosques, ¿verdad? Pues, para que podamos seguir disfrutando de todo lo que ellos nos dan, ¡a nosotros nos toca protegerlos! Porque, aunque la Naturaleza es muy sabia, llevamos tantísimos siglos modificando los bosques que ellos también necesitan algo de ayuda por nuestra parte.

Cuidar los bosques significa trabajar para que estén sanos y fuertes, ayudarlos a adaptarse al cambio climático, asegurar su regeneración y vigilar que, si se saca algún producto, se haga de forma sostenible.

Hay quien trabaja en los bosques (selvicultores, ganaderos, recolectores de setas…); otros los usan para pasear, y todos los necesitamos para tener aire y agua limpios, y suelo fértil para producir nuestros alimentos. Son muchas cosas y mucha gente a la vez… Para que no haya peleas, hay que poner un poco de orden y decidir quién, dónde, cómo, cuándo, cuánto y para qué se van a usar los bosques.

INVENTARIO FORESTAL

Para cuidar un bosque o para saber cuántos productos se pueden sacar sin ponerlo en riesgo, primero hay que saber cómo es: qué especies de árboles hay, qué tamaño tienen, cómo crecen, si están sanos o enfermos, si hay suficientes semillas y arbolitos nuevos… ¡Pero sería imposible recorrer cada rincón y medir cada árbol! Lo que se hace es tomar datos solo en algunas zonas. Después se escanea todo el bosque con luz láser (usando drones o aviones), se analiza con *fotografías por satélite* y, mezclando toda esta información con muchísimas matemáticas, se deduce exactamente cómo es el bosque en realidad.

LUCHA BIOLÓGICA

Algunos insectos pueden llegar a ser plagas. Para mantenerlos a raya sin usar venenos podemos impedir que se reproduzcan o favorecer a sus predadores. Las procesionarias (esas orugas peludas que van en fila) se comen las acículas de los pinos, debilitándolos. Las *trampas de feromonas* se utilizan para impedir que los machos lleguen a las hembras y tengan descendencia. En estas trampas se echa una copia de las sustancias que las hembras liberan para atraer a los machos y ellos, seducidos por la falsa señal de amor, caen dentro. Las *cajas nido* se instalan para que haya más pájaros que se coman las orugas antes de que estas se entierren para convertirse en mariposas.

ÁRBOLES PARA LA DIVERSIDAD

Algunos árboles viejos o moribundos son refugio para aves, insectos o plantitas, y se deben conservar. En el bosque también hay que llegar a un equilibrio entre quitar parte de la vegetación para prevenir incendios y mantener los arbustos y los matorrales necesarios para otros animales.

PRODUCCIÓN
Una pequeña parte del bosque se utiliza para obtener madera, biomasa, corcho, resinas, setas, ganado... Normalmente son las zonas más accesibles a vehículos.

CONSERVACIÓN
La mayor parte del bosque se dedica a asegurar sus funciones ecológicas y su persistencia. Esto es fundamental, especialmente si se asienta en terrenos erosionados o accidentados.

RECREO
Algunas zonas se diseñan especialmente para que las visitemos. Se hacen senderos y áreas recreativas. Si hay que hacer algún trabajo en los árboles (podas, claras, cortas...), se tiene cuidado de no afectar demasiado al paisaje.

RESERVA CIENTÍFICA
La investigación es necesaria para saber cómo funciona un ecosistema ahora y prever cómo será en el futuro. Por eso hay que reservar trocitos de bosque para experimentos científicos.

CORTAR PARA PROTEGER
Si los árboles están demasiado juntos no crecen bien, pueden tener más enfermedades y plagas, y además aumenta el riesgo de incendios. Hay que hacer *podas* y *claras* a medida que crecen, y cortar los enfermos para evitar contagios. Cuando casi todos los árboles de un bosque son *adultos* (entre 80 y 140 años) hay que abrir algunos huecos para que nazcan nuevos arbolitos. Así el bosque se rejuvenece y aumenta su biodiversidad.

JUGANDO AL ESCONDITE...
Para restaurar el equilibrio, hay que proteger a algunos animales o favorecer a los predadores de otros. Sabemos qué especies están ahí por sus huellas, excrementos, pelos, plumas, nidos, madrigueras, sonidos...

Nuevos bosques, que no es poco

Es muy grave que los bosques desaparezcan. Si además el suelo fértil se pierde, es prácticamente imposible que los bosques se puedan recuperar de forma natural, sobre todo en las laderas más empinadas o en los climas más duros. Entonces es necesario intervenir. Algunos trabajos de reparación pueden parecer una barbaridad. Por ejemplo, a veces habrá que quitar toda la vegetación *oportunista* o remover el suelo para que los nuevos árboles (y sus raíces) tengan más sitio para crecer. Pero ten en cuenta que es como una operación a vida o muerte para que allí vuelva a crecer un bosque. Una cirugía que producirá cicatrices, que con el tiempo se borrarán. De hecho, algunas de esas repoblaciones han mejorado tanto los ecosistemas que hoy son espacios emblemáticos.

¿Qué puedes hacer tú por los bosques?

Somos *bosquedependientes*. Y punto. Necesitamos a los bosques, no podemos vivir sin ellos. Y por eso no debemos olvidar nuestra historia ni repetir errores del pasado. Obviamente, nuestra capacidad de modificar el territorio ha ido aumentando a medida que lo hacía nuestra población, y nada tiene que ver el millón de habitantes que éramos y la forma de vida que teníamos hace 12.000 años con los cerca de 8.000 millones de personas que somos hoy. ¡Eso es mucha presión para el planeta! Lo bueno es que también somos muchísimas las personas que podemos cuidar de los bosques y conservarlos mientras los usamos de forma sostenible, porque así también frenamos el cambio climático y global. Si has llegado hasta aquí, tú ya eres especialista en bosques y ya sabes que hay muchas cosas que puedes hacer para ayudarlos. Ahora te toca a ti ponerte manos a la obra y enseñar a los demás.

¡MÁS MADERA! (Y MENOS PETRÓLEO)

Cada vez que eliges un producto procedente de bosques bien gestionados estás cuidando el planeta. Ese objeto de madera que ahora está en tu casa es un verdadero almacén de CO2, es biodegradable y su fabricación tiene muchísimo menos *impacto ambiental* que la de los plásticos. Y mientras tanto, en el bosque, nuevos árboles siguen creciendo y capturando más carbono de la atmósfera. Comprar productos de este tipo es una de las acciones más efectivas contra el cambio global.

¿Y TÚ DE QUIÉN ERES?

Asegúrate de que la madera y los productos derivados que compras proceden de países donde se respeta la legislación ambiental y los derechos de las personas. ¡Y mucho cuidado con las maderas exóticas! Busca que sean de bosques con gestión sostenible y que no traigan plagas.

DEL BOSQUE A LA MESA

Los bosques mejor conservados son aquellos que proporcionan empleo a los habitantes del medio rural que se ocupan de cuidarlos. Por eso, los estás protegiendo cuando compras productos que se han elaborado cerca de los bosques (muebles, artesanía, alimentos de agricultura y ganadería de montaña).

LOS BOSQUES TE NECESITAN A TI

No te creerías la cantidad de basura que hay y que, arrastrada por la lluvia, acaba en ríos y mares. La próxima vez que vayas al bosque puedes recoger la que encuentres. También puedes organizar campañas de limpieza con amigos, o apuntarte a jornadas de voluntariado.

PLANTA FUTURO

Donde ahora no hay un bosque puede haberlo… ¡Que se lo digan a Wangari! Pide consejo a expertos en bosques, porque ya sabes que no todas las especies pueden (ni deben) crecer en cualquier sitio. Y sobre todo, fíjate en que las semillas y las plantas estén sanas, y que sean del lugar, ¡no la vayamos a liar! No olvides pedirle permiso al propietario del terreno que quieres repoblar; si no sabes de quién es, pregunta en tu ayuntamiento.

SI VES LLAMAS, LLAMA

Todos debemos ser guardianes de los bosques. Si ves un incendio, llama al 112. No dejes de hacerlo porque pienses que ya habrá avisado alguien. ¿Te imaginas si todo el mundo actuara así? Cuanto antes se empiece, más fácil será apagarlo. En un bosque respeta todas las normas, y pídeles a los demás que también lo hagan.

CUIDA EL BOSQUE DESDE TU CASA

Sigue leyendo sobre bosques, busca guías sobre plantas, aves… Los libros son almacenes de CO2 así que, ¡mientras lees, cuidas del planeta! Puedes contribuir a que tu pueblo o ciudad se convierta en un pasillo verde. Para ayudar a abejas y pajaritos respeta los jardines y pon plantas en tu ventana o patio.

DE BOCA DE DRUIDA A OREJA DE DRUIDA

Los bosques no pueden hablar para defenderse, pero tú sí puedes hacerlo por ellos… Comparte lo que sabes (después de haber leído este libro ya tienes un nivelazo en bosques). Pero, y aquí viene la parte difícil, también tendrás que guardar secretos. Si encuentras nidos o madrigueras, si ves especies de animales o plantas protegidas, si descubres algún lugar maravilloso, ¡nunca le cuentes a nadie su ubicación! Recuerda que la mejor forma de protegerlos es que sean difíciles de encontrar.

Algunas cositas más

Igual piensas que te hemos dado un poco la tabarra con
la biodiversidad. Al fin y al cabo ya sabes que los humanos
dependemos de la naturaleza para sobrevivir, y para que
los ecosistemas funcionen bien y tengan capacidad de
adaptarse a los cambios es fundamental que sean variaditos
y que estén comunicados entre sí.

En este libro hay mucha biodiversidad dibujada: más de 180
especies de árboles, arbustos y otras plantas, de mamíferos,
aves, reptiles, anfibios, peces y otros bichos y de hongos.
Entre paréntesis te indicamos las páginas donde están,
pero te toca buscarlas e identificarlas a ti. La mayoría
son autóctonas (si nos encontramos leyendo este libro en
Europa, claro), e incluso algunas son bioindicadores y otras
son especies domesticadas. Pero también hemos puesto
algunas especies exóticas que pueden ser invasivas y otras
que son plagas y enfermedades. ¡A ver si eres capaz
de encontrarlo todo!

ÁRBOLES Y ARBUSTOS

Abedul (13) (17) (28) (29) (semilla 45) (57) (85) (99); Abeto (3) (4) (5) (13) (21) (madera 51); Abeto de Douglas (20); Acebo (2) (21); Álamo temblón (28); Alcornoque (21) (semilla 44) (81); Aliso (28) (29) (85); Almez (85); Arce (semilla 45); Arce de montpellier (85); Arce real (98); Arraclán (10); Avellano (2) (5) (28) (semilla 44); Baobab (17); Caoba (21) (madera 50); Castaño (4) (5) (12) (13) (25) (semilla 44) (85); Cedro (20); Cerezo (20) (madera 50); Clemátide (17); Chopo (semilla 45) (madera 51) (99); Chopos híbridos (65); Durillo (33); Encina (2) (33) (semilla 44) (46) (madera 50) (56) (80); Endrino (8) (12) (33); Enebro (44); Eucalipto (65); Fresno (20) (56) (85) ; Haya (13) (20) (semilla 44) (madera 50); Jabino (semilla 44); Jara (12) (57); Lavanda (89); Lentisco (80); Majuelo (4) (9) (12); Mimbrera (16) (65); Mimosa (16); Nogal (37); Olmo (21) (semilla 45) (46) (85); Pino (4) (12) (13) (25) (33) (semilla 32 y 44) (61); Pino carrasco (44) (80); Pino resinero (5) (20) (65) (98); Pino silvestre (17) (madera 51 y 53) (52) (85) (98); Piorno (16); Plátano (99); Rebollo (3) (12) (44) (56) (65); Roble (3) (4) (13) (28) (36) (37) (39) (40) (60) (61) (85) (89); Roble americano (17); Rosal silvestre (9) (12) (56) (89); Sauce (20); Sauce blanco (28); Saúco (13); Serbal (12); Tejo (3) (45); Tilo (2); Tojo (17); Tomillo (33); Zarza (9) (12) (56).

OTRAS PLANTAS

Caléndula (89); Cardo (32) (57); Diente de león (13) (semilla 32) (33) (57); Epífitas (16) (21); Espadaña (13) (28); Fresa (12); Junco (28); Camalote (65); Llantén (4) (28); Manzanilla (13); Muérdago (80); Musgo (4) (12) (39) (40) (80); Narciso (13); Ortiga (12); Peonía (12); Plumero (65); Prímula mantequilla (12); Trébol violeta (57); Uña de gato (Carpobrotus) (16) (65).

MAMÍFEROS

Ardilla (37) (85); Buey (24); Caballo losino (57); Cabra (21); Cabra azpigorri (57); Cabra montés (56); Ciervo (56) (12); Cigüeña negra (65); Comadreja (13); Conejo (13) (huellas 13) (excrementos 36) (36) (77); Corzo (huellas 4 y 5) (12) (37); Chimpancé (69); Erizo (12) (33); Gato (64); Gorila (69); Jabalí (36); Liebre (80); Lince (80); Lirón (13); Lobo (81) (excrementos y huellas 81); Mamut (25); Mapache (65); Mastín (54); Murciélago (13); Musaraña (32); Orangután (69) (80); Oso pardo (12); Oveja churra (54) (57) (excrementos 57); Oveja merina (56); Oveja (24) (25) (65); Perro (25); Ratón (13) (huellas 13) (44) (84); Tejón (13) (33) (huellas 13) (65); Topillos (84); Topo (36); Vaca tudanca (56); Vacas (24) (25); Zorro (12) (33) (36).

AVES

Autillo (13) (90); Búho real (80); Busardo ratonero (84); Colirrojo tizón (61) (90); Corneja negra (25); Cuervo (13) (huellas 13); Curruca capirotada hembra (5) (8); Gavilán (33) (90); Herrerillo (13) (90); Lechuza común (89); Milano real (77); Mirlo (32) (45) (90); Mosquitero común (33) (90); Papamoscas gris (61); Perdiz común (79); Petirrojo (12); Picapinos (52); Reyezuelo listado (40) (90); Ruiseñor (13); Trepador azul (52) (90); Tucán (16); Urraca (85); Zorzal común (36).

REPTILES, ANFIBIOS Y PECES

Lagartija roquera (32); Lagarto ocelado (29); Rana (13), Rana (renacuajos) (12); Salmón (65); Trucha común (85); Víbora hocicuda (12).

OTROS BICHOS

Abeja (4) (58) (57); Ácaros del suelo (32) (33); Babosa (33); Bichos bola (33) (36); Ciempiés (33); Crustáceos acuáticos subterráneos (36); Efémera (29); Escarabajos (32) (33); Escarabajo pelotero (33); Escolopendra (33); Grillo (13); Grillo-topo (larva 33); Gusano de suelo (32) (33); Hormigas (33) (36); Gorgojo del pino (53); Libélula (29); Lombriz de tierra (32) (33) (40); Mariposa limonera (oruga, ninfa y adulto) (10); Mariquita (29) (32); Mosca (32) (57); Mosquito (13); Nematodo del pino (68); Oruga (40) (36); Pececillo de plata (33); Pulga (54); Pulgón (32); Procesionaria (bolsones 68 y 80) (80); Tijereta (33); Zapatero (28) (29).

HONGOS

Amanita muscaria (12); Boletos (5) (12) (33) (34) (36) (37) (40) (64) (81); Champiñón (32); Hongo yesca (4) (en madera 53) (80); Níscalos (37); Psilocybe (32); Rebozuelos (5) (12); Rúsula (33); Seta de cardo (32); Enfermedad de la seca de la encina (56); Trametes (12). Y también hay líquenes (32) (36) (37) (80).

TECNOLOGÍA AL SERVICIO DE LA NATURALEZA

Para cuidar los bosques se usan un montón de instrumentos, herramientas y máquinas; ya sea en el campo o en el laboratorio. También hay infraestructuras que están allí. Te contamos cómo se llaman los que aparecen en este libro. Algunos nombres te sonarán, aunque otros te resulten extraños.

Aerogeneradores (65); Aerosol para marcar (81); Ahumador apícola (56); Atlas de semillas (47); Autocargador (65); Avión de extinción incendios (76); Avión para hidrosiembra (85); Bambi (76); Barrena de Pressler (52); Batefuegos (76); Buldócer (76); Caja nido (80); Cámara de fotos (26) (29); Campanas de vidrio (47); Carlancas (54); Chapa para marcar (80); Colmena Layens (4) (56); Contador Geiger (37); Cuaderno de campo (2) (3) (93) (98) (99); Flexómetro (48); Dique de mampostería gavionada (85); Dron para vuelo LIDAR (80); Emisora (76); Envase forestal (82) (85); Escala de peces (65); Estación depuradora con filtro verde (EDAR) (65); Estación potabilizadora (ETAP) (65); Estación transformadora (65); Fajas (77); Forcípula (80); Germinadora (47); Helicóptero (76); Jalón (30); Línea de evacuación (65); Lupa (26) (29) (52); Manguera (72) (76); Microscopio (50); Mochila de incendios (24); Motobomba (72) (76); Motosierra (52) (65) (73) (77); Nube de puntos LiDAR (79); Oteadero (77); Ordenador (79); Pala (30) (89); Pala franca (84); Pico (89); Placas Petri (47); Portátil (76); Prismáticos (26) (75); Protectores forestales (56) (84) (85) (89); Punto de captación de agua potable (65); Regadera (86); Relascopio de Bitterlich (80); Retroaraña (85); Tableta (80); Todoterreno (76); Torreta de incendios (75); Trampa de feromonas (80); Tubos de ensayo (47).

Dedicado a todas las personas que cuidan de los bosques. Y a nuestros hijos.

Nos gustaría darle las gracias, por haber revisado algunos aspectos científicos del libro y habernos dado ideas o sacado de dudas a Rafa Alonso (Dr. Ingeniero de Montes y experto en Ecología Forestal), Hugo Mas i Gisbert (Dr. Ingeniero de Montes y Entomólogo) y Paco Sánchez Aguado (Dr. en Biología y Ornitólogo). También a quien, gracias a su gran tarea de divulgación, nos han ayudado (aunque ellos no lo saben), como Suzanne Simard (Dra. en Ciencias Forestales y experta en Ecología), Fernando Valladares (Dr. en Biología y experto en Cambio Global), Marc Castellnou (Ingeniero forestal y experto en Incendios Forestales) y Javier Madrigal (Dr. Ingeniero de Montes y experto en Incendios Forestales). Y, finalmente, a Carlos Morla (Dr. Ingeniero de Montes y experto en Botánica), Fernando Gómez Manzaneque (Dr. en Biología y experto en Geobotánica), Alfonso San Miguel (Dr. Ingeniero de Montes y experto en Pastos y Fauna) y Pedro Montserrat (Dr. en Biología y experto en Ecología y Geobotánica) por haber sido parte fundamental en nuestra formación y habernos enseñado a mirar de otra forma.

PERSONAJES FAMOSOS QUE SE PASEAN POR ESTE LIBRO (por orden de aparición)

ALEXANDER VON HUMBOLDT (1769-1859). Geógrafo, astrónomo, naturalista y explorador alemán (aunque cuando él vivió aquello era Prusia). Sus viajes tuvieron una gran influencia en la ciencia (botánica, climatología, geología). Fue pionero del pensamiento ecológico y el primer científico en hablar del cambio climático.

CHARLES DARWIN (1809-1882). Inglés y gran científico. En 1859, tras su viaje en el Beagle, publicó su obra *El origen de las especies* con la que revolucionó la idea de la evolución biológica a través de la selección natural.

CARLOS LINNEO (1707-1778). Científico y profesor sueco, naturalista, botánico y zoólogo. Creador de la clasificación de los seres vivos y del sistema de nombres científicos definidos por género y especie.

SUZANNE SIMARD
Profesora, investigadora y divulgadora científica canadiense contemporánea, especialista en Ecología forestal. Trabaja en la teoría de los árboles madre y la cooperación entre especies a través de redes de hongos de colaboración mutua.

JANE GOODALL (1934).
Antropóloga, etóloga, profesora y científica inglesa, pionera en el estudio de los chimpancés salvajes –la especie genéticamente más cercana a *Homo sapiens*– y luchadora por la conservación y el bienestar animal. Ha estudiado durante más de sesenta años las interacciones familiares y sociales de los chimpancés en Tanzania.

DIAN FOSSEY (1932-1985).
Zoóloga, científica y conservacionista estadounidense especializada en gorilas. Trabajó más de veinte años en África (Zaire y Randa) y fundó el Centro de Investigación sobre gorilas. Fue asesinada por cazadores furtivos.

SANTIAGO RAMÓN Y CAJAL (1852-1934).
Médico, profesor, humanista y científico español. Es el padre de la neurociencia y el descubridor de las neuronas. Premio Nobel de Medicina en 1906, es una gran referencia en la investigación española. Suya es la frase «Repoblar los montes y poblar las inteligencias constituyen los dos ideales que debemos perseguir para fomentar nuestra riqueza y alcanzar el respeto de las naciones» que pronunció al visitar las repoblaciones que se estaban realizando en Sierra Espuña (Murcia).

WANGARI MAATHAI (1940-2011).
Política y ecologista keniana. Primera mujer africana en obtener un doctorado y en recibir el Premio Nobel de la Paz (2004). En 1977 fundó el Movimiento Cinturón Verde, que se extendió desde Kenia a toda África para combatir la desertificación, la deforestación, la falta de agua y la hambruna rural.

Un último consejo...

El bosque es un lugar maravilloso, pero en tus visitas tendrás que tener un poco de cuidado. Lleva botas, mira por dónde pisas y no molestes a nadie (si sientes la necesidad de levantar una piedra, hazlo con un palo para evitar picaduras y vuelve a colocarla siempre en su sitio con cuidado). Nunca comas nada que no conozcas muy bien (algunas plantas, frutos o setas se confunden fácilmente y pueden ser venenosas). Y, al llegar a casa, revisa tu ropa, tu pelo y todos los rincones más insospechados de tu cuerpo (cuando decimos todos es TO-DOS) para asegurarte de que no has traído contigo a algún visitante no deseado (efectivamente, estamos hablando de las garrapatas, que a nosotras también nos dan mucho asco).